VÉRITABLE ORIGINE

DES

TROUBLES DE S.-DOMINGUE,

ET DES DIFFÉRENTES CAUSES QUI LES ONT PRODUITS;

Par M. JULIEN RAIMOND,
Député des citoyens de couleur.

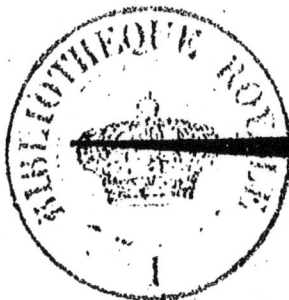

A PARIS,

Chez { DESENNE, libraire, au Palais-Royal;
BAILLY, libraire, rue S.-Honoré, barrière des Sergens;
Tous les marchands de nouveautés;

Et au Bureau du PATRIOTE FRANÇOIS, place du Théâtre Italien.

1792, L'AN 4ᵉ DE LA LIBERTÉ.

AVANT-PROPOS.

LÉGISLATEURS,

Vos prédécesseurs, tels que les Pétion, les Grégoire, les Rœderer, les Robespierre, etc., dans la question des colonies, avoient reconnus et constamment soutenus que les principes, la justice et l'humanité exigeoient qu'on fît jouir les hommes libres de couleur de tous les droits de citoyens : mais les colons, députés à l'assemblée constituante, et avec eux, MM. Barnave, Lameth, Maury, Gouy-d'Arcy, Clermont-Tonnerre, d'Eprémenil et autres, forcés d'en convenir, soutenoient que la politique (qu'il falloit aussi consulter) s'y opposoit.

La question se réduit donc aujourd'hui à savoir si effectivement la politique s'accorde ou ne s'accorde pas avec les principes, la justice et l'humanité.

La politique doit assurément exiger que l'on conserve les colonies à la métropole ; elle exige aussi que la culture des produc-

A

tions coloniales ne soient plus interrompues par les soulèvemens des esclaves ; elle exige encore que les troubles qui déchirent les colonies dans ce moment, ne se reproduisent plus ; elle exige enfin qu'on trouve un moyen de les prévenir.

Si la politique exige rigoureusement toutes ces choses, il ne reste plus qu'à examiner si on peut les obtenir, sans qu'au préalable on fasse jouir les hommes de couleur de leurs droits de citoyens, et si au contraire, en les leur ravissant, on pourra se flatter de conserver les colonies, d'y maintenir le calme, d'y contenir les esclaves, etc. Et comme rien n'est plus propre à conduire cet examen que les faits qui sont consignés dans cet imprimé, nous supplions MM. les députés à qui il sera remis, de vouloir le lire avec la plus grande attention.

VÉRITABLE ORIGINE

DES

TROUBLES DE SAINT-DOMINGUE,

ET DES DIFFÉRENTES CAUSES QUI LES ONT PRODUITS.

LES hommes de couleur libres sont propriétaires dans les colonies, ils y payent les contributions ; ces qualités leur donnent le droit d'être entendus, dans un moment où les troubles déchirent la colonie de Saint-Domingue, et la menacent d'une ruine prochaine.

Ces troubles tiennent à des causes qu'on a toujours cherché à cacher, en éloignant tous ceux qui en pouvoient dévoiler la trame ; et les citoyens de couleur, véritablement attachés aux colonies, et leur vrai soutien, n'ont encore pu se faire entendre, par les soins coupables de quelques intrigans qui en sont le plus grand fléau.

Les citoyens de couleur forment plus de la moitié de la population libre de la colonie ; ils possèdent la moitié des terres et le tiers des hommes qui les cultivent ; ils ne partagent pas avec les colons blancs leur dette énorme.

A ces titres, les hommes de couleur devoient avoir des représentans à l'assemblée constituante, sur-tout parce qu'ils étoient ceux qui avoient le plus à se plaindre, non-seulement de l'arbitraire des agens du pouvoir, mais encore du despotisme le plus cruel que les colons blancs exerçoient sur eux.

Ce despotisme et les vexations qui en résultoient étoient si insupportables aux hommes de couleur, que bien long-temps avant l'époque de notre régénération, j'avois été chargé, par mes concitoyens de couleur, de venir réclamer auprès du ministre de la marine, pour mettre une fin à tant d'humiliations, d'injustices et de cruautés.

Les faits que je détaillois alors, et dont je donnois les preuves les plus authentiques, déterminèrent le ministre à demander aux administrateurs des colonies des moyens pour faire cesser le despotisme de la couleur, et pour réintégrer les hommes libres de couleur dans les droits que leur accordoit l'édit de 1685.

Les choses étoient en cet état lorsqu'en 1789 l'assemblée nationale se forma. Les colons blancs résidans à Paris, crurent que, sans aucun pouvoir de leurs concitoyens, ils pourroient se faire reconnoître comme représentans des colonies, et entrer comme leur député à l'assemblée nationale.

En conséquence, ils se firent élire par les colons qui étoient à Paris; et munis de ces pouvoirs illégaux, ils se présentèrent au nombre de vingt députés pour la colonie seule de Saint-Domingue.

M. de Mirabeau, en combattant leurs prétentions sur un nombre aussi considérable de représentans pour Saint-Domingue, leur observa qu'il existoit une classe de citoyens qu'ils ne pouvoient représenter, puisqu'elle avoit elle-même les plus vives réclamations à faire contre eux; qu'en conséquence il falloit leur réserver un nombre égal de représentans, parce que cette classe étoit en nombre égal de celle des blancs.

Ces observations de Mirabeau firent entrevoir aux colons qu'il seroit possible que les hommes de couleur vinssent *effectivement* se présenter à l'assemblée nationale, et qu'alors ils fissent connoître aux représentans de la nation toutes les vexations et la tyrannie des colons blancs à leur égard; et pour écarter toutes les réclamations qui pourroient venir de Saint-Domingue, de la part des hommes de couleur, les colons blancs députés imaginèrent de répandre l'alarme dans cette colonie ; afin d'y retenir tous les habitans, et sur-tout les hommes de couleur ; pour cela, ils écrivirent cette lettre perfide du 12 août 1789, adressée à leurs commettans.

Je suis obligé de remonter à cette époque, parce qu'elle est la source de tous les troubles des colonies. Je dois être nécessairement long, puisque j'ai beaucoup de choses de détail à décrire : je prie donc le lecteur d'avoir la patience de me lire, et de l'indulgence pour mon style, qui n'est que celui de la nature.

Le 12 août 1789, la députation de Saint-Domingue écrivit à ses commettans la lettre que je vais retracer ici ; et à cette époque, il n'y avoit aucune réclamation à l'assemblée nationale de la part des hommes de couleur. Je prie le lecteur de vouloir se rappeler ce fait.

LETTRES des députés de Saint-Domingue à leurs constituans.

Versailles, le 12 août 1789.

« La colonie, messieurs, est dans un double danger également pressant. Danger au dehors ; *que veulent ces vaisseaux*, que les papiers publics nous apprennent être sortis de l'Angleterre ? *Danger au-dedans ; on cherche à soulever nos nègres.*

Nous voyons et nous mesurons avec effroi l'un et l'autre de ces dangers ; *mais, principalement le dernier est vraiment d'une nature à nous causer les plus horribles inquiétudes ;* nous le voyons, et nous sommes forcés de nous taire ; *on est ivre de liberté.* Messieurs, une société d'enthousiastes, qui ont pris le titre d'*amis des noirs,* écrit ouvertement contre nous ; elle épie le moment favorable de faire explosion contre l'esclavage; il suffiroit peut-être que nous eussions le malheur de prononcer le mot, pour qu'on saisît l'occasion de demander l'affranchissement de nos nègres. La crainte que nous en avons nous réduit malgré nous au silence : *le moment ne seroit pas favorable pour engager l'assemblée nationale à entrer dans nos mesures, pour nous garantir du danger qui nous menace.* Le péril est grand, il est prochain ; veillons à notre sûreté ; mais veillons-y avec prudence. C'est ici qu'on a besoin de toute sa tête : *ne réveillons pas l'ennemi,* mais ne nous laissons pas surprendre. Veillez, encore une fois, veillez ; car l'assemblée nationale est trop occupée de l'intérieur du royaume pour pouvoir songer à nous. Prenez les mesures que votre sagesse vous dictera : observez bien les personnes et les choses ; *qu'on arrête les gens suspects, qu'on saisisse les écrits où le mot même de liberté est prononcé ;* redoublez la garde sur vos habitations, dans les villes, dans les bourgs; *par-tout attachons les gens de couleur libres; méfiez-vous de ceux qui vont vous arriver d'Europe. C'est un de vos plus grands malheurs qu'on n'ait pas pu, dans une circonstance aussi critique, empêcher l'embarquement des gens de couleur qui étoient en France*; nous l'avons demandé au ministre, *l'esprit du jour s'oppose sur ce point à nos désirs*: empêcher, sur notre demande même, l'embarquement des esclaves, seroit regardé comme un acte de violence qu'on dénonceroit à la nation.

Courage, chers compatriotes! ne vous laissez point abattre; nous continuerons de faire sentinelle pour vous: c'est tout ce que nous pouvons dans le moment présent; le temps viendra sûrement où nous pourrons faire mieux. *Il faut laisser refroidir les esprits ; cette crise ne durera pas : comptez sur nous.* »

Cette lettre perfide, par la fausse alarme qu'elle donnoit, devoit nécessairement mettre en mouvement toute la colonie, l'armer et y retenir tous ses habitans, sur-tout les hommes de couleur, de qui on redoutoit les dépositions. Aussi les mots suivans, *par-tout attachons les gens de couleur*, n'étoient que de nouvelles chaînes qu'on conseilloit de leur donner ; et ces autres, *méfiez-vous de*

ceux *qui vont vous arriver d'Europe*, que pour jetter
des soupçons sur ceux qui auroient pu aller éclairer leurs frères. Pour cela il falloit un prétexte
pour les accuser de projets perfides, et leur faire
subir impunément toutes les horreurs que je vais
retracer ici.

Mais M. Gerard, collègue des députés colons,
et qui n'étoit pas initié dans leurs projets, se ré-
cria beaucoup sur cette lettre ; il leur fit envisager
les dangers réels où elle pouvoit entraîner la colonie, et il refusa de la signer. Mais pour avoir
sa signature, qui leur étoit nécessaire, puisqu'il
étoit le seul député élu à Saint-Domingue, ils
consentirent de lui laisser mettre le *post-scriptum*
suivant, qui paroissoit à M. Gerard un correctif à
tout ce qu'il y avoit de perfide dans cette lettre.

Voici ce *post-scriptum*.

« Il est possible, *et même probable, que les
bruits alarmans qui se sont répandus, et qui font
la matière de cette lettre, ne soient pas fondés ;*
et, dans ce cas, il seroit fâcheux que cela fît une
sensation trop forte dans la colonie, qui, indépendamment des craintes qu'elle inspireroit, pour-
roit peut-être donner lieu à des dangers plus réels.
C'est à vous, messieurs, à agir avec la circons-
pection et la prudence que votre sagesse vous
suggérera : mais nous pensons qu'une sécurité

dangereuse ne doit pas non plus vous empêcher d'avoir les yeux ouverts sur l'effet que pourra produire dans les colonies la fermentation qui règne dans le royaume, et que vous ne devez négliger aucunes précautions, aucuns soins, pour maintenir l'ordre, la paix et la subordination dans votre sein; *et il nous semble que le meilleur moyen à employer pour assurer dans tous les temps le repos et l'existence dans la colonie, c'est d'affectionner à votre cause la classe des gens de couleur.* Ils ne demandent sûrement pas mieux que de confondre leurs intérêts avec les vôtres, et de s'employer avec zèle pour la sûreté commune. *Il n'est donc question, de votre part, que d'être justes envers eux, et de les traiter toujours de mieux en mieux. Nous regardons cette espèce comme le vrai boulevard de la sûreté de la colonie. Vous pourrez les assurer que vos députés, qui sont aussi les leurs, s'employeront avec zèle auprès de l'assemblée nationale pour l'amélioration de leur sort, et pour leur procurer la juste considération qui est due à tout citoyen qui se comporte honnêtement.*

Mais, en laissant subsister ce *post-scriptum,* les autres députés se promirent bien de le rendre nul par leurs lettres particulières, qui expliqueroient à des personnes affidées tout ce qu'ils vouloient faire, et comment elles devoient les seconder.

A l'arrivée de ces lettres à S.-Domingue, déjà des assemblées primaires se formoient, et les hommes de couleur propriétaires y avoient été appelés ; déjà plusieurs avoient nommés, dans la partie du sud, leurs députés, pour aller prendre part aux délibérations du comité de la ville des Cayes qui les y avoient invités; enfin dans plusieurs paroisses de cette partie, les hommes de couleur avoient adressé aux blancs leurs justes réclamations, et les blancs commençoient à sentir que la justice, leurs intérêts et celui de la colonie exigeoient qu'on prît en considération les réclamations de ces hommes utiles.

Dans cet état de choses, on vit tout-à-coup paroître au petit Gonave, dans la partie de l'ouest, plusieurs blancs étrangers et sans possession dans les colonies. Le jour de leur arrivée, cinq personnes de couleur députés des différentes paroisses de cette ville, étoient venus présenter au comité de ce lieu une adresse pour réclamer leurs droits; cette adresse avoit été rédigée par M. Ferrand, sénéchal du lieu et président du comité; c'étoit une preuve que les blancs alors n'étoient pas éloignés de rendre justice enfin à une classe

d'hommes trop long-temps et trop injustement op-
primée.

Ces blancs sans aveu, envoyés par les agens de
ceux qui vouloient semer le désordre dans la colonie, se répandirent dans la ville ; ils disoient à tous
les habitans que les hommes de couleur avoient
formé le complot de les égorger, et de se rendre
maîtres de la colonie; qu'on ne devoit pas en dou-
ter, que des lettres venues de France annonçoient
et prévenoient de ce complot. A cette nouvelle,
on se porta en foule dans le lieu où étoit assemblé
le comité; on y faisoit la lecture de l'adresse des
hommes de couleur, eux présens; on les saisit,
on menace de les pendre ; ils sont troublés, ils ne
savent ce qu'on leur veut ni ce dont on les accuse;
on leur demande quel est l'auteur de l'adresse
coupable qu'ils osent présenter ; ils répondent
qu'elle ne peut rien contenir de contraire aux
intérêts des blancs, puisque c'est un blanc qui
l'a rédigée, et ils nomment M. Ferrand.

Aussitôt ces furieux s'emparent de cet infor-
tuné juge, le traîne hors du comité, et lui
coupent la tête, qu'ils promènent ensuite dans
la ville, au bout d'une pique, et ils menacent d'un
pareil sort tout blanc qui oseroit parler en faveur
des hommes de couleur.

Après avoir bien maltraité les cinq hommes de

couleur pétitionnaires, on les renvoye en les menaçant de fusiller le premier des leurs qui oseroit sortir de chez lui.

Cette alarme et ces faux bruits répandus par ces brigands, se multiplient et gagnent les quartiers voisins ; par-tout des blancs, de la trempe de ces brigands, courent chez tous les hommes de couleur pour les massacrer, sous le pretexte qu'ils complotent contre les blancs.

A Aquin, distant de 14 lieues du petit Goave, où avoit été commis l'assassinat de M. Ferrand, 25 blancs s'arment dans une nuit, et vont chez trois des plus riches propriétaires hommes de couleur pour les assassiner. Deux se trouvent absens, parce qu'ils étoient aux Cayes pour y remplir leurs fonctions d'électeurs ; leurs portes son enfoncées, leurs épouses insultées, leurs meubles brisés ; leurs papiers sont saisis et emportés, parce qu'on croyoit y trouver des preuves de leurs prétendus complots. Ces mêmes blancs vont ensuite sur l'habitation du troisième; c'étoit un vieillard de 70 ans; ils frappent avec violence à sa porte, et toutes les voix lui crient ces mots terribles : *ouvre, gueux, nous voulons ta tête.* Le vieillard, absolument seul avec un jeune domestique, se lève et s'arme comme il peut ; il barricade ses portes ; mais ces brigands les enfoncent à coups de hache. Les portes abattues ils n'osent entrer, et tirent chacun leur coup de fusil,

presqu'à bout touchant, sur ce malheureux vieillard ; trois balles l'atteignent, cependant il n'est
pas tué ; mais son jeune domestique tombe mort
à ses côtés. Il reste au vieillard assez de force pour
défendre sa vie ; il met en joue ces brigands, le
coup ne part pas ; alors la troupe l'investit, on
veut le massacrer ; l'un d'eux, plus prudent, les
arrête , parce qu'il craint que les 150 esclaves
du vieillards, qu'ils aiment comme leur père, ne
viennent venger sa mort.

Malgré ses blessures , on conduit à pied ce
vieillard à trois lieues de son habitation. Rendu
au bourg d'Aquin, on veut lui couper la tête ;
cependant on ne trouve dans les papiers qui
ont été saisis chez lui et chez les deux autres
absens , aucune preuve qui puisse le faire con-
damner, et il est enfin relâché.

Des scènes semblables se répètent dans pres-
que tous les quartiers de la colonie, et les
hommes de couleur étonnés , effrayés, n'osent
plus ni se rencontrer ni se parler. Un ordre de
l'assemblée coloniale est donné pour qu'ils ne
puissent plus sortir armés sans une permission
des blancs. De quoi cependant les hommes de
couleur étoient-ils coupables pour éprouver ces
traitemens ? Ils avoient demandé, dans les termes
les plus soumis , d'être réintégrés dans leurs
droits.

Si l'on compare cette manière de réclamer contre le despotisme le plus cruel, au fracas avec lequel les François ont fait tomber la Bastille, on sera forcé de convenir que les hommes de couleur ont été bien prudent dans la manière dont ils se sont conduits ; car s'ils eussent écouté un premier mouvement, bien naturel dans leur position, ç'en étoit fait des colonies.

Tels ont été les premiers troubles des colonies, causés par les soupçons donnés dans la lettre des députés des colonies, en date du 12 août 1789, contre des hommes qui méritoient d'autant moins cette injustice, que depuis l'origine de la colonie ils n'avoient cessé de donner des preuves de leur attachement à la patrie ; et ce n'étoit que parce que leurs sentimens étoient bien connus, qu'on a senti qu'ils ne se prêteroient jamais à trahir la mère-patrie, qu'on les a poursuivi avec tant d'acharnement.

Je vais parler maintenant de ce qui se passoit en France à l'égard des députés des hommes de couleur ; car tout est lié dans cette affaire.

Mais auparavant, il est nécessaire que je raconte une anecdote qui ne laissera pas que de jetter quelque jour sur les troubles des colonies, et sur l'objet de la lettre du 12 août, écrite par les députés à leurs commettans.

Vers le milieu du mois de juillet, à mon arrivée à Versailles, je fus voir M. de la Luzerne,
parce que je savois que M. le maréchal de Castries
lui avoit envoyé les mémoires que je lui avois
donné sur les réclamations des hommes de couleur, afin d'avoir son avis. Dès ma seconde visite
à M. de la Luzerne, il me dit que les colons assemblés à l'hôtel de Massiac lui avoient dit qu'ils
étoient disposés à tout accorder aux hommes de
couleur ; qu'ils seroient bien aise de me voir : il
me lut même une lettre de l'un d'eux à ce sujet.
Je répondis que je ne connoissois que l'assemblée
nationale qui pût avoir ce droit ; et je déclarai à
M. de la Luzerne que je n'irois point à l'hôtel
Massiac pour y porter mes réclamations. Je me
retirai. Le lendemain, M. de la Luzerne m'envoya
prier de passer chez lui. Je m'y rendis. Il me
parla encore de l'hôtel Massiac. Ma réponse fut
la même que la première. — Mais, me dit M. de
la Luzerne, vous refuserez-vous à voir quelques-
uns de ces messieurs chez moi, pour causer sur
l'objet de vos réclamations ? — Je lui répondis
que non. Deux jours après, nouveau message de
M. de la Luzerne. Je m'y rendis, et je trouvai chez
un de ses secrétaires un M. Saint-Germain, co-
lon, à ce qu'il me dit, et chargé, par l'hôtel de
Massiac, de m'inviter à y aller ; que ces messieurs
pensoient

pensoient comme moi à l'égard des droits que les hommes de couleur réclamoient; qu'ils avoient des propositions à me faire à ce sujet. En conséquence, je me rends à Paris avec ce M. S.-Germain. Rendu chez lui, il me dit, en parlant des colonies : Nous devrions peu nous embarrasser des affaires de la France ; nous devrions tous partir pour Saint-Domingue; vous avez toute la confiance des hommes de couleur.....; et là, nous nous arrangerions. — Je lui répondis que je ne pensois pas ainsi, que j'étois François, et que je voulois mourir François. Nous en restâmes là, et nous fûmes ensemble à l'hôtel Massiac. Nous rencontrâmes dans l'escalier M. Gualeffey, qui étoit alors le président de l'hôtel Massiac; et M. Saint-Germain, en le saluant, lui dit : — *M. le marquis, voilà M. Raymond.* — Arrivés dans la salle qui précédoit celle de l'assemblée, M. Saint-Germain me quitte, en me disant qu'il va m'annoncer. Il resort peu de temps après, et m'introduit. Là ; M. Gualeffey, ainsi que d'autres personnes que je ne connoissois pas, me firent différentes questions sur les demandes que j'avois à former, et sur les mémoires que j'avois adressés aux ministres. J'y répondis, toujours en leur déclarant que je ne voulois m'adresser qu'à l'assemblée nationale pour les réclamations que j'avois à faire, et je me re-

B

tirai. J'observe que ceci se passa vers la fin de juillet 1789, quelques jours avant la date de la lettre du 12 août. Cette anecdote explique la phrase suivante, qui se trouve dans cette lettre : *Méfiez-vous des hommes de couleur qui vont vous arriver d'Europe.*

Au mois d'octobre 1789, les citoyens de couleur qui étoient à Paris, s'assemblèrent pour se communiquer les pouvoirs particuliers qu'ils avoient reçus pour réclamer auprès de l'assemblée nationale ; et quoique ces pouvoirs ne portassent pas avec eux la généralité de vœux, ils n'en parurent pas moins suffisans aux hommes de couleur qui en étoient porteurs, parce que leurs frères des colonies leur mandoient que les vexations et les gênes dans lesquelles les colons blancs les tenoient à S.-Domingue, ne leur permettoient pas de rendre ces pouvoirs plus authentiques et plus généraux. Mais tels qu'ils étoient, les hommes de couleur d'ici en étant munis, arrêtèrent que ceux d'entr'eux qui en réuniroient le plus, se présenteroient au corps constituant pour demander à représenter leurs frères qui ne l'étoient pas par les colons blancs.

En conséquence, cinq d'eux se présentèrent à la barre de l'assemblée nationale, dans les derniers jours d'octobre 1789. Là ils exposèrent à l'assemblée tous les griefs sur lesquels ils avoient à réclamer contre les colons blancs ; ils offrirent en don patriotique une somme de six millions des colonies, et conclurent à demander d'être les représentans de leurs frères auprès de l'assemblée nationale.

Le président leur répondit : » *Jamais aucuns* » *citoyens ne reclameront vainement leurs droits au-* » *près de cette assemblée : ceux que les mers et les pré-* » *jugés ont éloigné de ses regards, en seront toujours* » *rapprochés par elle ; laissez vos pièces et votre requête* » *sur le bureau ; l'assemblée les prendra en considéra-* » *tion*». Ces pièces furent envoyées au comité de vérification, afin qu'il constatât de leur validité.

C'est alors qu'on vit agir l'intrigue des colons pour empêcher cet examen ; nous essuyâmes toutes les tracasseries et les entraves qu'ils purent imaginer pour le retarder.

Enfin, après onze séances du comité de vérification, le rapport en fut arrêté ; il concluoit à ce que les hommes de couleur qui se présentoient, devoient avoir deux députés à l'assemblée nationale. Le rapporteur, M. Grelet de Beauregard, ne put jamais faire ce rapport ; deux foisil essaya de le présenter à l'assemblée ; mais les colons et leurs partisans firent un tel tapage, qu'il fut impossible au rapporteur de se faire entendre ;

alors il nous déclara qu'il renonçoit à faire ce rapport. Pendant ce temps, les colons ne disconti-
nuèrent pas de faire répandre de fausses nouvelles des colonies, qui toutes étoient alarman-
tes, et jamais ne manquoient d'en attribuer les
causes à l'admission des hommes de couleur. Ils
avoient eux-mêmes mis les colonies en feu par
leur lettre du 12 août, et en attribuoient les
causes à ce qui se feroit ici.

Ils firent plus alors ; pour ôter toute communication entre les hommes de couleur en France,
et ceux de Saint-Domingue ; communication qui
eût dévoilé leurs intrigues, ils écrivirent à toutes
les chambres de commerce du royaume la lettre
suivante.

Lettre aux chambres du commerce par les députés des colonies.

MESSIEURS,

Comme la sûreté de Saint-Domingue exige que
l'on prenne en ce moment toutes les précautions
possibles pour s'opposer au désordre dont cette
isle est menacée, nous vous prions instamment
d'employer tous les moyens qui sont en votre
pouvoir pour empêcher tous nègres et tous mulâ-
tres de s'embarquer pour la colonie. Vos intérêts ,

qui sont inséparables des nôtres', vous feront, sans doute, approuver toutes les mesures qui seront commandées par les circonstances , et nécessaires à cet effet

D'autres lettres furent écrites à Saint-Domingue pour empêcher, plus que jamais, les hommes de couleur de se rassembler , afin de leur ôter tout moyen de faire connoître à leurs députés ici tout ce qu'ils éprouvoient; toutes les lettres furent interceptées , et dès-lors il ne fut plus possible, non-seulement de rien recevoir de nos commettans , mais même ils ne purent se communiquer entr'eux à Saint-Domingue.

Cette politique des colons avoit bien ses vues ; elle empêchoit l'offre des 6 millions de se réaliser : ils sentoient que si les hommes de couleur avoient pu s'assembler paisiblement, ils auroient effectué ce don patriotique, et il eût déjoué toutes leurs menées, en même-temps qu'il eût prouvé combien plus qu'eux les hommes de couleur s'empressoient de venir au secours de l'état.

Cependant les hommes de couleur, poursuivis avec un acharnement sans exemple, attendoient avec résignation tout de la justice de l'assemblée nationale et du soin de leurs frères; ils nous faisoient parvenir ici, avec des peines infinies, les détails de tout ce qu'ils souffroient; et lorsque

nous transmettions ces faits au comité colonial ;
on nous répondoit froidement, ce ne sont là que
des lettres particulières, nous ne pouvons les reconnoître ; faites-nous, disoit-on, constater ces
faits par des actes et des hommes publics. Nous
répondions qu'il étoit impossible, après la catastrophe de M. Ferrand, de trouver un seul blanc
qui osât, non-seulement soutenir les hommes de
couleur, mais encore désapprouver ce qu'on leur
faisoit éprouver ; qu'ils ne pouvoient pas eux-
mêmes rassembler beaucoup de signatures, sans
courir les risques de perdre la vie.

Nos raisons n'étoient jamais écoutées au comité ; nous y étions même rebutés et mortifiés par des
colons blancs qui, sans être du comité, s'y trouvoient toujours.

Enfin, après avoir vainement sollicité au comité colonial, nous apprîmes qu'un rapport s'y pré-
paroit, et qu'il devoit être suivi d'un décret. Ce décret fut celui du 8 mars 1790 ; et le 28 du même
mois, il fut suivi d'une instruction qui devoit l'ac-
compagner dans les colonies. Nous apprîmes également, avant la discussion de ces instructions,
qu'il n'y étoit nullement question de la classe des
hommes de couleur libres et propriétaires.

L'article 4 de ces instructions, qui fixoit les qualités nécessaires pour être citoyen actif dans les colonies, étoit si vague, qu'il ne pouvoit que donner lieu à des querelles interminables entre les deux classes de citoyens libres.

Nous nous transportâmes chez M. Barnave, rapporteur du comité colonial, et nous lui fîmes observer qu'il étoit essentiel de désigner bien clairement, dans cet article 4, les personnes de couleur, soit en ajoutant au mot *vague citoyen*, celui *de libre*, ou, ce qui auroit été plus clair, *tout citoyen quelle que soit sa couleur.*

M. le rapporteur nous répondit que l'assemblée ne connoissant aucune distinction, moins encore celle d'esclaves et de couleur, ne pouvoit se servir de termes qui désignassent qu'elle en reconnoissoit. Enfin, après avoir discuté long-temps, nous obtînmes de M. Barnave qu'il subsistueroit au mot *citoyen* de l'article 4, les mots *toutes personnes.*

Le décret du 8 mars et les instructions du 28, qui fixoit le mode des assemblées primaires et coloniales, furent envoyés dans les colonies pour y être exécutés.

A cette époque, les députés des colonies écrivirent qu'il falloit interpréter le mot *toutes personnes* de l'article 4, pour les blancs seulement, et que l'assemblée n'avoit pas entendu, par ces

mots génériques, y comprendre les personnes
de couleur libres et propriétaires.

Enco nséquence de cette interprétation de la
loi, donnée par des individus, les assemblées primaires se formèrent sans la participation des personnes de couleur, quoiqu'elles fussent cependant des *personnes*, et que dans plusieurs quartiers de la colonie, ces personnes étoient les plus
riches propriétaires ; on n'en devint que plus
acharné à les poursuivre et à les vexer, afin de
leur interdire tout moyen de réclamation. Cette
conduite, de la part des colons blancs, avoit bien
son but.

L'assemblée coloniale qui se forma pour, au
terme du décret, présenter le vœu des colonies
sur leur régime intérieur, ne pouvoit pas présenter ce vœu, puisque plus de la moitié des
propriétaires de la colonie, ceux qui lui sont le
plus attachés, avoient été éloignés des assemblées primaires.

On sait ce qui est résulté de cette première
assemblée coloniale ; on connoît les violences,
les cruautés des deux partis des blancs, connus,
dans la colonie, sous les noms de *bossus* et de *cro-
chus* ; on sait qu'entre blancs, ils se sont livrés
les combats les plus cruels, et qu'ils se sont égorgés et assassinés mutuellement.

Mais n'anticipons pas, et reprenons la suite des faits. L'assemblée coloniale formée, sans la participation de la moitié de la population libre des citoyens de couleur, marchoit d'un pas rapide à l'indépendance, ou tout au moins à une scission. L'on ne sait où elle fût parvenue, dans un moment où la colonie étoit sans forces réprimantes, où les troupes n'obéissoient plus à la voix de leurs chefs légitimes, si le général, M. Peynier, et M. Mauduit, n'eussent appelés à leur secours les hommes de couleur, pour dissoudre cette assemblée. Dans ce moment de crise, les partisans de l'assemblée coloniale proposèrent aux hommes de couleur du Cap de courir sur le parti qui lui étoit opposé, qu'on leur abandonneroit la fortune de ceux qu'ils tueroient. Les hommes de couleur rejettèrent avec indignation ces propositions: ils étoient loin de penser alors que, peu de jours après, il se trouveroit des blancs assez atroces pour accepter de pareilles propositions faites contre eux.

Mais l'arrivée du malheureux Ogé dans les colonies, leur fit bientôt connoître ce que pouvoient commettre de crimes les blancs. Ogé étoit repassé à S.-Domingue après les décrets des 8 et 28 mars; il alloit les annoncer à ses frères, et en demander l'exécution. En effet, sa pre-

mière démarche fut de demander aux puissances coloniales l'exécution à la lettre des décrets
de l'assemblée nationale. On répondit à sa demande par une proscription ; on mit sa tête à
prix ; on promit à l'esclave qui l'apporteroit, et
la liberté, et une somme considérable ; on fit
marcher des troupes contre lui ; par-tout on
arme les esclaves contre les hommes de couleur
libres, et on donne contre eux le signal du car-
nage et de la mort. Chaque jour voit tomber
leurs têtes, qui sont portées au Cap par les esclaves qui les ont abattues, pour obtenir les ré-
compenses qui leur étoient promises.

Cette foule de blancs envoyés dans la colonie depuis la révolution, on se doute par qui,
et pourquoi, se mettent aussi de la partie ; alors
les hommes de couleur sont assaillis de toutes
parts, poursuivis jusques-sur leurs habitations
que l'on dévaste ; on pille leurs maisons, on en-
lève leurs bestiaux, et jusqu'à leurs esclaves ; et
les brigands, que ces pillages enrichisssent, ap-
pellent cela de *bonnes prises.*

Dans ces instans de fureur, des imprimés répandus avec profusion dans la colonie, invitent
tous les brigands à s'emparer du bien des hommes de couleur, et à le partager entre ceux qui
n'en ont pas. On auroit peine à croire à ces

forfaits, si un de ces imprimés n'étoit parvenu jusqu'ici, quoiqu'imprimé à S.-Domingue.

Malgré toutes les recherches de ces hordes effrénées, Ogé, avec une vingtaine des siens, avoit échappé, et s'étoit réfugié dans la partie Espagnole. Ils furent arrêtés et conduits dans les prisons du Cap, d'où ils ne sont sortis que pour être traînés à l'échafaud, en vertu d'un jugement aussi inique qu'illégal. A cette époque, tout homme de couleur riche, sur de simples dénonciations, étoit arrêté et conduit dans les prisons, et n'en sortoit qu'au moyen d'une forte rançon.

Les mêmes scènes se répétoient dans différens endroits de la colonie; si les prétextes n'étoient pas les mêmes, les résultats étoient toujours de dépouiller, de vexer les hommes de couleur, et de les réduire au silence à force de les tourmenter.

Au Fond Parisien, on assemble les hommes de couleur par ordre de la municipalité de S.-Marc, pour leur faire prêter un nouveau serment; on exige qu'ils ajoutent au serment décrété, le respect et la soumission entière aux blancs. A ces derniers mots, ils comprennent que les blancs veulent les rendre de pures machines entre leurs mains, avec lesquelles ils

pourront tout renverser. Ils s'y refusent, et l'un
d'eux adresse aux blancs ces paroles.

« N'avons-nous pas déjà prêté le serment à la
« patrie ? Si le premier ne valoit rien, le second
« vaudra-t-il mieux ? D'ailleurs, ne sommes-
« nous pas assez subordonnés à la volonté arbi-
« traire des blancs ? qu'exigent-ils encore ? Un
« serment forcé pourroit-il nous lier ? N'est-ce
» pas notre bonheur et nos intérêts qui doivent
» nous donner l'impulsion ? et nous ferions un
« serment qui nous forceroit d'y renoncer ? »

A peine eut-il achevé, qu'il fut saisi ; et quoique les hommes de couleur fussent armés, et en
plus grand nombre que les blancs, ils ne firent
aucuns mouvemens, et se retirèrent paisiblement.
Le lendemain, espérant sur la clémence des
blancs, les hommes de couleur envoyèrent réclamer leur camarade. Le croira-ton ? leurs députés sont arrêtés, conduits en prison, et trai-
tés comme des séditieux.

Dès ce moment, c'est à qui poursuivra les
hommes de couleur, et à qui dévastera leurs habitations : les enfans qu'on y trouve ne sont pas
épargnés. Deux, âgés, l'un de huit et l'autre de
neuf ans, dont le père avoit fui, sont impitoyablement massacrés sur l'habitation de leurs parens.

Voilà ce qui se passoit dans les colonies, à

l'égard des hommes de couleur, lorsque le décret du 12 octobre y arriva avec les deux ba-
taillons de Normandie et d'Artois. On sait comment, avec un faux décret, on trompa les soldats du régiment du Port-au-Prince, et comment ils assassinèrent leur colonel Mauduit, dont
le corps fut ensuite déchiré et mis en pièces.

Les papiers publics de la colonie font mention d'une femme blanche du Port-au-Prince qui,
oubliant son sexe et sa pudeur, commit sur les
restes du colonel Mauduit une action atroce,
Ces mêmes papiers font encore mention d'un
blanc qui envoya à son ami, à soixante lieues
du Port-au-Prince, des morceaux des chairs de
ce colonel, pour lui prouver physiquement qu'il
avoit été tué.

Les soldats et le peuple du Port-au-Prince
furent livrés, les jours suivans du massacre de
M. Mauduit, à la joie la plus barbare ; le vin
et les liqueurs leur étoient prodigués. On voit,
dans un imprimé de ce temps, qu'une cabaretière
porta à la municipalité du Port-au-Prince un com-
pte de 9,000 liv., pour boissons fournies aux
troupes. (1)

(1) Tous ces faits se trouvent dans le Courier du Cap-
François, rédigé par M. Gotereau, le même qui a été
embarqué au Cap par un ordre arbitraire de l'assemblée
coloniale.

A peu près dans le même temps , une scène aussi sanglante que celle que vous venez de lire , se passa aux Cayes du fond. Environ 400 blancs vont saisir, sur son habitation M. Codère, officier du régiment du Port-au-Prince, le conduisent à la ville , et le massacrent impitoyablement: ils lui coupent ensuite la tête qu'ils promènent au bout d'une pique.

A ces récits affreux, qui coûtent autant à décrire qu'à être lus, on ne peut se persuader que des François en ayent été les auteurs.

Il n'est cependant que trop vrai que, depuis près de deux ans, les blancs de S.-Domingue donnent ce cruel et révoltant exemple à leurs esclaves qui en sont témoins. Faut-il s'étonner ensuite si ces hommes grossiers et avilis par l'esclavage, répètent ces scènes d'horreur dans leurs révoltes?

Celle qui désole la colonie dans ce moment, ne se fût jamais manifestée avec cette violence, sans l'orgueil et la fausse politique des colons du Cap, au sujet du décret du 15 mai. Ce décret parvenu au Cap, quelques blancs se rassemblent tumultueusement , et se répandent dans les rues , vomissent des imprécations contre l'assemblée nationale : ils l'accusent hautement de vouloir donner la liberté aux esclaves , et ils oublient qu'ils en sont environnés ; ils brûlent en effigie l'évêque de Blois, sous les yeux de leurs esclaves, en disant que c'est parce qu'il prê-che la liberté pour eux.

Par-tout les blancs montrent eux-mêmes une re-bellion au pouvoir suprême de la nation ; par-tout ils écrivent en gros caractères les mots de *vivre li-bre ou mourir :* ils les répètent à l'envi, et les es-claves sont témoins de toutes ces choses.

Pouvoient-ils croire, ces imprudens colons, que des hommes qui vivent dans un véritable esclavage, entendroient toutes leurs paroles, et verroient tous leurs mouvemens, sans être ten-tés de vouloir les imiter?

A toutes ces imprudences, les colons blancs en ajoutent encore une autre plus grande, celle de se priver de la seule force qui pourra conte-nir les esclaves. Ils recommencent leurs persé-cutions envers les hommes de couleur ; par-tout ils les poursuivent avec les plus violentes me-naces ; par de nouvelles et scrupuleuses recher-ches, ils les ont complétement désarmés.

Les hommes de couleur, menacés de tous cô-tés, s'échappent pour fuir de nouveaux massa-cres ; et les esclaves, qui savent que ce sont les seules forces qu'on puisse leur opposer avec avantage , saisissent cette occasion , et lèvent l'étendard de la révolte.

Peut-être des gens mal-intentionnés contre le nouvel ordre de choses les ont-ils aussi secondés. Nous desirons que les recherches les plus scrupuleuses fassent connoître les auteurs de ces troubles affreux ; car nous savons que les ennemis des hommes de couleur ont eu la noirceur de vouloir les faire suspecter d'en être les auteurs. Tel est le caractère des tyrans, de prêter à leurs victimes leurs sentimens atroces.

M. de Blanchelande, dans une de ses lettres lue à l'assemblée nationale, disoit que dans la partie de l'ouest, c'étoit les hommes de couleur qui s'étoient joints aux esclaves, et qu'ils avoient forcés les blancs à passer un concordat avilissant pour ces derniers. On connoît ce concordat; y est-il fait mention des esclaves, et pourroit-on penser que, si les esclaves de cette partie eussent aidé les hommes de couleur à reconquérir leurs droits, ils n'eussent pas exigé et des hommes de couleur, et des blancs qui l'ont signé, de statuer pour eux ?

C'est donc une calomnie de M. Blanchelande, ou de ceux qui dirigent sa plume.

Une brochure ignorée, quoique distribuée à l'assemblée nationale et signée Bailli, compagnon

de

de voyage des six commissaires de l'assemblée coloniale, accuse ainsi les hommes de couleur. « Leur conduite, dit-il, dans la partie de l'ouest, » fortifie le soupçon de complicité générale de » leur part, qui n'a que trop de vraisemblance, » mais qu'on répugne à envisager comme *un* » *fait*, tant par défaut de *preuves positives*, que » parce que cette combinaison suppose un degré » de scéleratesse qui les rendroit bien peu di-» gnes de l'enthousiasme fou des nombreux par-» tisans qu'ils ont en France. »

Voilà une calomnie bien prononcée, mais bien gauchement ourdie; car son auteur confesse, 1°. qu'il n'y a point de preuves positives; 2°. qu'on n'y croit pas, parce que cela rendroit les hommes de couleur peu dignes des sentimens qu'on a pour eux en Europe.

Conçoit-on une pareille inconséquence? Quoi! à S.-Domingue, où l'on s'efforce de détruire tout sentiment de justice et d'humanité envers les hommes de couleur, où ils sont accusés de tant de crimes, on ne veut pas croire à leurs crimes, parce que cela détruiroit les sentimens qu'on a pour eux ! Que cela est pitoyable ! Indépendamment de l'inconséquence de cette accu-sation, il y a encore contradiction; car il est bien reconnu aujourd'hui que les parties de l'ouest et

C

du sud ont été fort tranquilles, et que les esclaves n'ont fait aucun mouvement; donc les hommes de couleur n'ont pu se joindre à eux pour
les faire soulever, comme l'avance M. Baillo; et
si les hommes de couleur s'étoient joints aux esclaves pour les faire soulever, comment ces
mêmes esclaves auroient-ils été contenus ensuite
par ces mêmes hommes de couleur? Les esclaves se fussent-ils arrêtés à la volonté de ceux
qui les avoient mis en mouvement? n'auroient-
ils pas suivis l'exemple de ceux du Cap?

Voyons maintenant si les hommes de couleur
pouvoient avoir quelqu'intérêt à faire soulever
les esclaves, et à leur faire réclamer la liberté :
non, sans doute, puisque, comme je l'ai dit,
ils possèdent eux-mêmes le tiers des esclaves de
la colonie. D'après ce fait, est-il présumable
qu'ils ayent voulu s'exposer à perdre leur fortune? Le désespoir, me dira-t-on, peut les avoir
porté à ce crime. Mais le moment de l'arrivée
du décret du 15 mai pouvoit-il être un moment
de désespoir pour les hommes de couleur? N'é-
toit-il pas au contraire celui où ils voyoient le
terme de leurs longs malheurs? Quoi! les hommes de couleur auroient souffert depuis deux
ans, avec résignation, toutes les cruautés qu'ils
ont éprouvées des blancs, sans concevoir des pro-

jets aussi pervers ; et ils les auroient réservés pour le moment où ils recevoient le bienfait d'une loi qu'ils réclament depuis si long-tems ! Voilà les contradictions où tombent toujours les fourbes et les calomniateurs. N'est-il pas plus naturel, et sur-tout d'après les faits connus , de penser que dans cette foule de blancs sans possessions dans les colonies, et passés à S.-Domingue en si grande quantité depuis la révolution , il s'en soit trouvé d'assez méchans pour avoir voulu essayer ce genre de brigandage ?

M. de Blanchelande n'a-t-il pas dit, dans plusieurs de ses lettres , que ces hommes blancs avoient refusé d'aller combattre les révoltés, à moins qu'on ne voulût euraccorder les deux tiers du pillage qu'ils feroient sur les habitations ? N'a-t-il pas dit dans sa lettre du 7 septembre, *qu'il ne falloit pas se dissimuler que la ville du Cap renfermoit un grand nombre de blancs mal-intentionnés, qui n'attendoient que le moment du désordre, par l'espérance d'améliorer leur sort par le pillage.*

Que doit-on conclure de cet aveu, lorsqu'on voit le fait ci-après cité par le même M. Blanchelande, dans sa lettre en date du 29 septembre ? Il y dit, *qu'après avoir chassé les esclaves des habitations d'Agout et Galifey , on trouva beaucoup* d'effets sur les deux habitations, et que sur celle de d'Agout, le pillage s'en est mêlé, comme cela se pratique.

Quels défenseurs avoient donc |les colons dans ceux qui les pilloient, en allant les secourir?

Comme cela se pratiqae, ajoute M. de Blanchelande. Jamais ces sortes de brigandages ne s'étoient encore commis dans les colonies; j'en appelle aux colons même; qu'ils disent si jamais les hommes de couleur ont commis de pareils excès; quand ils étoient appelés pour appaiser des révoltes d'esclaves, ou à les poursuivre dans les bois, ne remettoient-ils pas exactement aux propriétaires des esclaves tout ce qu'ils saisissoient sur ces derniers!

Mais ces mots *comme cela se pratique*, de la lettre de M. de Blanchelande, expliquent tout; ils servent à prouver, comme il a été dit ailleurs, que les blancs vagabonds qui se trouvoient alors dans la colonie au moment de la révolution, ont été encouragés par des factieux, à poursuivre, à piller et à égorger les hommes de couleur, sous le prétexte du préjugé, et que ce n'est que depuis cette époque malheureuse que l'on peut dire que le pillage se pratiquoit dans les colonies.

On vient de voir de quelle manière ces blancs vagabonds se conduisoient par l'instigation de ceux qui les dirigeoient. Je vais opposer à cette conduite celle qu'ont tenue les hommes de couleur, d'après ce qu'en a dit M. de Blanchelande, dans plusieurs de ses lettres au ministre. Il y avoue que les hommes de couleur ont, beaucoup plus que les blancs, contribué à répousser les révoltés; que cette classe d'hommes est la seule propre à contenir et combattre les esclaves révoltés, et par conséquent, à maintenir la paix dans les colonies. Ces aveux sont arrachés à M. de Blanchelande par les services signalés que les hommes de couleur ont rendu dans ces momens désastreux.

En effet, ils en ont rendus de grands. On les a vu, pour voler au secours de la colonie, oublier le ressentiment que de longues et cruelles persécutions avoient dû nécessairement produire dans leurs cœurs. On les a vu encore, pour détruire tous les soupçons qu'on avoit méchamment répandu sur leur fidélité, laisser en ôtage à leurs ennemis leurs femmes, leurs enfans et leurs propriétés, et aller s'exposer à la mort pour sauver la vie de ceux qui, si souvent, avoient attenté à la leur. Quelles plus grandes preuves de loyauté et de fidélité pouvoient ils donner?

Par ce récit fidèle, on voit combien les hommes de couleur ont été calomniés, quand ils ont été accusés de s'être rendus coupables de complicité avec les esclaves. Mais ces calomnies, comme je l'ai dit ailleurs, avoient pour but, à S.-Domingue, de rendre nulle la force réprimante des hommes de couleur, et en France, d'arrêter la justice que l'assemblée nationale doit à une classe d'hommes qui fait la sûreté de la colonie.

On sait que c'est au Cap où la révolte a éclaté ; tout ce qui s'y étoit passé avant devoit la produire ; c'est au Cap où les hommes de couleur avoient été le plus complétement désarmés ; c'est au Cap où l'on avoit armé les esclaves contre les hommes de couleur ; c'est au Cap où il y avoit une si grande quantité de ces brigands d'Europe, si justement suspectés d'être les fauteurs de tous les genres de troubles ; c'est au Cap enfin où l'on avoit détruit le plus d'hommes de couleur, qui seuls pouvoient réprimer les soulèvemens d'esclaves.

On sait encore que dans les parties de l'ouest et du sud, où les hommes de couleur sont demeurés armés, on n'y a éprouvé aucun mouvement de la part des esclaves. On sait également, par les lettres de M. Blanchelande, que ce n'est que par le secours des hommes de couleur au Cap, et par leur jonction avec les blancs, qu'on a pu parvenir à arrêter la révolte.

D'après ces faits bien constatés, il en résulte, 1°. que ce sont les hommes de couleur qui ont le plus contribué à rétablir l'ordre et à sauver les colonies; que leur parfaite assimilation avec les blancs, ne peut nuire à la sûreté de la colonie, puisqu'au contraire elle vient dans ce moment de les garantir d'une subversion totale; qu'en conséquence, les décrets de l'assemblée nationale qui produiront cette assimilation parfaite, seront les meilleurs pour les colonies; que les décrets des 8 et 28 mars étoient les seuls qui, jusqu'à ce jour, étoient les plus propres à produire cet effet; que le décret du 24 septembre est au contraire destructif pour les colonies, puisqu'il est diamétralement opposé au concordat qui les a sauvés. Ce décret du 24 septembre n'étoit propre qu'à perpétuer la division parmi les citoyens blancs et de couleur, lorsque le salut de la colonie dépendoit au contraire de leur union la plus parfaite.

Enfin, ce décret du 24 septembre n'a été arraché à l'assemblée constituante que par les faux exposés du rapporteur, qui, n'ayant aucune notion des colonies, n'écrivoit que sous la

dictée des colons, et dans le sens qu'ils desi-
roient.

Il est nécessaire de relever les erreurs dans
lesquelles le rapporteur du comité colonial a
mis l'assemblée constituante , afin d'éclairer
celle-ci sur la grande question qui va être portée
à la discussion.

M. Barnave a répété, dans tous ses rapports,
d'après les colons, *que si jamais les hommes de
couleur étoient assimilés aux blancs, les esclaves se
révolteroient et les colonies seroient perdues.*

Le ton affirmatif du rapporteur a dû nécessairement décider l'assemblée à ne point assi-
miler les hommes de couleur aux blancs, dans
la crainte de voir se réaliser cette fausse pro-
phétie.

Mais aujourd'hui que l'expérience a prouvé
que les colonies n'ont pu être sauvées que par
l'assimilation parfaite des deux classes, opérée
par le concordat du 11 septembre ; l'assemblée
nationale actuelle qui voit , par expérience , que
ce qui étoit annoncé devoir perdre les colonies,
les a au contraire sauvées, rectifiera les erreurs où
avoit été entraînée l'assemblée constituante , et
retirera le décret du 24 septembre , puisqu'en
ce point il est contraire à la sûreté des colonies.

Quand M. Barnave, dans son dernier rapport, annonçoit comme une vérité dont il avoit des preuves ; *que les hommes de couleur du Port-au-Prince, à la nouvelle du décret du 15 mai, s'étoient assemblés, pour déclarer qu'ils renonçoient au bénéfices du décret ;* l'assemblée a dû croire à son rapporteur et retirer le décret du 15 mai, puisqu'il paroissoit déplaire aux blancs et aux hommes de couleur.

Mais aujourd'hui que l'assemblée nationale n'ignore pas que c'est au contraire au Port-au-Prince où les hommes de couleur ont, de concert avec les blancs propriétaires, réclamé l'exécution du décret du 15 mai, elle doit ratifier le concordat, et en faire la base de son décret sur les colonies, avec d'autant plus de raison, 1°. que les arrêtés de l'assemblée coloniale y tendoient, comme à une mesure qui devoit sauver les colonies ; 2°. que ce concordat prouve que les hommes de couleur n'ont jamais repoussé le décret du 15 mai ; 3°. que la réunion qu'il a opérée des deux classes, a sauvé les parties de l'ouest et du sud des fléaux qui ont désolé celles du Cap.

M. Barnave, dans son rapport, présentoit à l'assemblée nationale la classe des hommes de couleur comme faisant une si petite partie de la population des colonies, *qu'il ne falloit pas,* disoit-il , *pour environ 5 à 6000 qu'ils sont dans toutes les colonies , déplaire aux blancs , qui forment la plus grande population.*

L'assemblée, égarée par cette erreur, a pu croire qu'il étoit de la politique d'abandonner cette petite partie de la population des colonies, qui ne donnoit tout au plus, pour chacune d'elle, qu'environ mille personnes.

Mais aujourd'hui que l'assemblée est assurée qu'à Saint-Domingue seul, il y a plus de 35 mille personnes de couleur, et que cette partie de population, qui tient véritablement au sol, est beaucoup plus considérable que la population blanche, dont plus de la moitié des individus ne tiennent point au sol, ni par leur indigénat, ni par des propriétés; l'assemblée nationale, dis-je, ne sera pas injuste au point de sacrifier au caprice de la plus petite partie de population, la population des hommes de couleur qui, sous différens rapports, forment la vraie force des colonies, et ce qui doit les lier plus étroitement à la mère-patrie par les bienfaits qu'ils en vont recevoir.

M. Barnave avoit aussi annoncé, dans son rapport, qu'à l'arrivée du décret du 15 mai à Saint-Domingue, les deux partis des blancs, divisés dans les colonies, s'étoient réunis pour repousser le décret. Cette manière vague de présenter cette réunion, a fait croire à l'assemblée constituante que tous les habitans blancs de la colonie s'étoient réunis pour rejetter le décret. Le fait est que quelques factieux de la ville du Cap, et les blancs vagabonds qui étoient à leur disposition, ont forcé M. Blanchelande d'écrire sa première lettre, sur laquelle M. Barnave s'est appuyé pour son rapport.

Mais aujourd'hui l'assemblée nationale, instruite de toutes les intrigues des colons, instruite encore que le concordat est maintenu par tous les propriétaires des parties de l'ouest et du sud, verra que tous les colons ne s'étoient pas réunis pour faire révoquer le décret du 15 mai, comme l'avoit avancé M. Barnave, et que par conséquent le fatal décret a été surpris à la religion de l'assemblée constituante.

On doit voir aujourd'hui, par les effets qu'a produit le décret du 24 septembre, quel fut l'esprit de perfidie qui le fit rendre. Les *Maury*, *Clermont - Tonnerre*, et toute la phalange des non assermentés, avec quelques factieux qui avoient joué les rôles de patriotes, et qui, sur la fin de la législature, furent démasqués, attendoient la contre-révolution des effets de ce

décret , et la perte de la colonie ; ils espéroient ,
par ce décret , la faire passer tout naturellement
au pouvoir du roi d'Espagne , puisqu'on n'avoit
pu réussir à l'indépendance , ou à la donner aux
Anglois. Voici leurs combinaisons. Déjà , disoient-
ils , les hommes de couleur connoissoient le décret
du 15 mai ; quand ils apprendront que celui du
24 septembre le détruit , rien ne pourra contenir
leur indignation contre cette assemblée nationale
et contre cette constitution de qui ils attendoient
tout. Ils voudront y renoncer ; et conseillés par
des hommes apostés exprès , qui leur feront
voir que l'ancien régime valoit mieux pour eux ,
on pourra d'abord les engager à rétablir les anciens pouvoirs ; et pendant les troubles intérieurs
de la France , et la guerre qu'elle ne peut éviter
avec toutes les puissances , les Espagnols se pré-
senteront avec les troupes qui y sont déjà passées ;
ils diront aux hommes de couleur: notre régime
ne connoît point le préjugé dont vous vous plai-
gnez ; vous voyez que la France vous abandonne ,
abandonnez-la aussi , devenez Espagnols et nous
allons , joints avec vous , vous débarrasser de
ces petits blancs qui , depuis la révolution , vous
font éprouver et accumulent sur vos têtes tant
de malheurs.

J'ai déjà obsevé que la politique des colons
avoit toujours été de calomnier les hommes de
couleur auprès de l'assemblée nationale, afin
que sa justice ne s'étendît pas sur eux. Après les
avoir dépeints comme des assasins ; après avoir
cherché à persuader que c'étoit eux qui avoient
incendié le Port-au-Prince ; enfin, après avoir
épuisé tous les genres de calomnie, ils les accusent aujourd'hui d'avoir opéré à S. Domingue
la contre-révolution ; que déjà ils ont arboré la
cocarde blanche ; qu'ils ont mis à leur tête des
contre-révolutionnaires, et enfin, rétabli l'ancien
régime.

Il manquoit aux colons blancs de se donner
le ridicule d'une pareille calomnie, pour se faire
connoître entièrement. Pourra-t-on jamais se persuader que des hommes qui vivoient sous le joug
le plus despotique, sans cesse en butte à toutes
sortes de vexations, continuellement victimes
d'un préjugé si dégradant, qu'il les plaçoient entre
l'homme et la brute ; pourra-t-on se persuader,
dis-je, que ces hommes rejètent une constitution
qui assure à tous leur existence, leurs propriétés
et l'égalité des droits ? Non, sans doute, on ne
peut croire à un pareil excès de démence.

Mais, me dira-t-on, les faits existent ; les

hommes de couleur ont détruit les municipalités ?
ils ont remis à leur place les anciens agens du
pouvoir arbitraire ; ces agens sont des contre
révolutionnaires ; enfin, ils en portent les signes ;
la cocarde blanche est portée par les hommes de
couleur.

Qui assure que ces faits existent ? Les colons
blancs ? Mais on sait combien de fois déjà ils
ont été convaincus de mensonge. A-t-on oublié
toutes leurs calomnies contre la société des Noirs,
dont ils ne parlent plus aujourd'hui , parce
que tout est connu ? A-t-on oublié le faux décret
du 17 septembre, envoyé dans les colonies pour
faire égorger M. Mauduit ? A-t-on pu oublier
enfin tout ce dont ils se sont rendus coupables
pour arriver à l'indépendance à laquelle ils vi-
sent , et à laquelle ils n'ont pas renoncé ?
Ah! si l'on n'a pu oublier toutes leurs manœuvres, on doit se défier avec raison de tout ce
qui vient d'eux , et on doit présumer que les
faits qu'ils présentent aujourd'hui comme réels,
sont au moins défigurés ; car leur grand talent est
de tout embrouiller pour cacher toutes leurs manœuvres et se donner encore l'air d'aimer notre
révolution, eux qui la détestent si cordialement.

Il me semble qu'il y a un moyen bien simple

de juger lesquels des colons blancs ou de couleur doivent être les plus partisans de notre révolution. Deux questions suffiront pour en juger. Que perdent les hommes de couleur à la révolution ? Rien ; ils y gagnent, tout au contraire, l'abolition d'un préjugé qui leur attiroit des vexations infinies de tous les genres, et qui les exposoient à chaque instant à voir et leur vie et leurs fortunes ravies par le premier blanc. (1) Comment les hommes de couleur pourroient-ils rejetter une constitution qui, en les délivrant d'une pareille loi, les feroit rentrer dans les droits imprescriptibles de l'homme? Quant aux loix qui doivent naître de la constitution d'un peuple libre, concernant l'acquittement des dettes et la conservation des propriétés, les hommes de couleur n'ont point à les appréhender ; au contraire, leurs propriétés sont liquidées, et ils ont de grandes et de nombreuses réclamations à faire

_____

(1) Sous l'ancien régime, un homme de couleur qui, frappé par un blanc, vouloit se défendre, étoit condamné à la mort. Voyez les *considérations sur Saint-Domingue*, par Illiard d'Auberteuil, tome II, page 72 et suivantes. Qu'on ne croye pas cette coutume barbare soit sans exemple; les seuls arrêts de mort qui existent contre les hommes de couleur *libres*, n'ont pas d'autres motifs : qu'on consulte les registres des greffes des colonies.

sur celles qui leur ont été ravies par fraude et par violence.

Que perdent les colons blancs par notre constitution ? Tout ce que l'aristocratie regrette le plus, tout ce qui flatte l'orgueil ; les distinctions de rang et de naissance, le pouvoir arbitraire qu'ils s'étoient arrogé sur les vies et les propriétés des hommes de couleur ; enfin ils perdent l'espoir de retenir impunément le bien de leurs créanciers, et celui de devenir *tous nobles*, ainsi qu'ils le demandoient dans leur premier cahier de doléances, qui n'a pas été connu en France, et qui a pensé faire pendre au Cap ceux qui l'avoient rédigé.

Qu'on juge maintenant quels sont, des colons blancs ou de couleur, ceux qui sont le plus attachés à notre constitution. En supposant vrais les faits par lesquels les colons blancs veulent persuader que les hommes de couleur ont fait la contre-révolution à S. Domingue, comme la destruction de toutes les municipalités, le rétablissement des anciens commandans, la décoration du ponpon blanc ; en supposant, dis-je, tous ces faits vrais, on ne doit pas en conclure que les hommes de couleur ayent voulu opérer la contre-révolution dans le sens qu'on l'entend en France. Il est vrai cependant qu'ils en ont fait

une

une à S.-Domingue, mais c'est la contre-révolution de la révolution que vouloient y faire les colons ; ce qui est un peu différent d'une véritable contre-révolution.

Notre constitution a renversé tous les préjugés; et les colons blancs vouloient conserver le plus absurde de tous, celui de la coulenr; notre constitution a anéanti tous les pouvoirs arbitraires pour faire règner à leur place des loix dictées par la justice, l'humanité et la philosophie: les colons blancs au contraire vouloient conserver le pouvoir le plus arbitraire et le plus absolu sur les hommes de couleur libres; ils vouloient les assujettir à des loix dictées par leurs caprices, leurs intérêts et leur ignorance.

Notre constitution donne à tous les hommes un égal droit à la protection de la loi, à laquelle tous les hommes doivent obéir sans distinction; les colons vouloient des loix particulières pour eux, et faire obéir les hommes de couleur à celles qu'ils vouloient avoir le droit de leur donner.

Notre constitution appelle tous les hommes indistinctement à la jouissance de leurs droits sacrés, et aux avantages qui en résultent; les colons vouloient en jouir exclusivement, et en priver les hommes de couleur.

D

Notre constitution exige de tous les François le serment d'être fidèles à la loi, à la nation et au roi ; les colons blancs vouloient exiger des hommes de couleur qu'ils y ajoutassent *soumission aveugle* pour eux : enfin les colons blancs vouloient une révolution pour eux et à leur manière ; ils vouloient qu'elle écrasât les hommes de couleur, et qu'elle rendît leur sort infiniment plus dur qu'il ne l'avoit jamais été ; ils vouloient qu'elle leur donnât les moyens de les tenir sous leur domination, et qu'ils ne fussent que des automates dans leurs mains , qu'ils auroient dirigés selon leurs caprices.

Telle est la révolution que les colons blancs vouloient opérer , et que les hommes de couleur ont renversée ; et c'est parce qu'ils ont empêché une aussi monstrueuse révolution de s'opérer, qu'on les accuse d'avoir fait la contre-révolution.

Quiconque a suivi la marche des affaires des colonies, aura dû s'apercevoir du soin qu'ont toujours pris les colons d'accuser les hommes de couleur de tous les troubles des colonies et de tous les malheurs qui les ont suivis. C'est ainsi qu'avant et depuis l'horrible catastrophe du malheureux Ogé, on ne cessoit de repandre que les hommes de couleur avoient des projets perfides, lorsque ces malheureux étoient poursuivis

par-tout et égorgés impitoyablement (1). C'est
ainsi que, lors de la révolte des esclaves, les
hommes de couleur furent encore accusés d'en
être les auteurs ; cependant aucun des révoltés
pris ou arrêtés ne les ont chargés ; et M. de Blanchelande lui-même, qui, par imprudence, par
foiblesse ou par crainte, souilloit sa correspondance de ces accusations, les démentoient ensuite
dans ces mêmes correspondances, en y avouant
ingénument que les hommes de couleur étoient
ceux sur lesquels on pouvoit le plus compter, et

---

(1) Si l'on suit attentivement la correspondance de
M. Blanchelande, on y verra que véritablement la saine
politique exige qu'on fasse jouir les hommes de couleur de
leurs droits. Par les aveux que les circonstances le forcent
à faire, il avoue, dans plusieurs de ses lettres, que les
hommes de couleur, par leur force et par l'habitude de la
fatigue qu'ils ne craignent point, sont seuls propres à contenir les esclaves ; dans d'autres, qu'il y a beaucoup à craindre
qu'en mécontentant les hommes de couleur, ils peuvent
perdre la colonie ; dans d'autres, que les blancs sont inca-
pables, par leur mollesse, de combattre les esclaves ; dans
d'autres enfin, que les esclaves ne craignent rien tant que les
hommes de couleur, parce qu'ils savent qu'eux seuls peuvent
les combattre avec avantage. Or, je demande si, en faisant
tous ces aveux, ce n'est pas convenir tacitement que la politique s'accorde avec les principes, la justice et l'humanité,
pour faire jouir les hommes de couleur libres des droits de
citoyens.

ceux qui avoient poursuivis les révoltés avec le plus d'avantage (1). C'est ainsi encore qu'aux premières nouvelles de l'incendie du Port-au-Prince, on disoit que les hommes de couleur en étoient les auteurs, lorsqu'il est prouvé aujourd'hui, par toutes les relations, qu'il n'y en avoit pas un dans cette ville au moment de cet événement désastreux ; lorsqu'il est encore prouvé que ce sont ces blancs vagabonds, connus aujourd'hui sous le nom de brigands, qui s'en sont rendus coupables. C'est ainsi qu'aujourd'hui on vient ajouter à toutes ces accusations la plus absurde, celle d'avoir opéré la contre-révolution, en accusant sans cesse les hommes de couleur : les colons blancs redoublent d'intrigue pour empêcher la vérité de parvenir ici et d'éclairer toutes leurs sourdes manœuvres ; et pour mieux y réussir, ils exercent une tyrannie incroyable dans les colonies ; peu

_____

(1) Cela est si vrai, que les assemblées coloniales et provinciales ont, plusieurs fois, fait des proclamations pour les mettre sous leur sauve-garde, parce qu'elles craignoient de les voir se porter au désespoir ; et la preuve, au contraire, que les hommes de couleur n'ont jamais commis contre les blancs les crimes qu'on leur suppose, c'est que jamais les mêmes assemblées n'ont été obligées de prendre les blancs sous leur sauve-garde, pour les sauver de la fureur des hommes de couleur.

de lettres en partent sans être ouvertes, et aucune de celles qui pourroient jetter un jour sur ce qu'ils cherchent à cacher, ne parviennent ici ; mais en revanche, celles de leurs agens abondent, où tous les faits qui se passent dans les colonies y sont déguisés et racontés à leur avantage. Voilà pourquoi le comité colonial, où toutes ces fausses nouvelles sont portées par les colons qui n'en désemparent pas, donnent toujours dans ses rapports comme des vérités, tous les mensonges que les colons y ont fait parvenir.

On doit cependant espérer, grace à l'excès de la tyrannie exercée par les colons blancs à St.-Domingue, d'être éclairé sur tous les faits qui se sont passés : M. Gatereau, citoyen de St.-Domingue, et rédacteur du Courier du Cap, qui a été enlevé de chez lui et embarqué pour France, par l'ordre le plus arbitraire, a déjà dévoilé, dans sa pétition à l'assemblée nationale, une partie des faits et des causes des troubles de Saint-Domingue ; il a pris l'engagement d'en dévoiler toute la trame dans un ouvrage qui va paroître incessamment. M. Boré, autre citoyen de St.-Domingue, également embarqué de la manière la plus cruelle et par l'ordre le plus arbitraire, a paru à la barre de l'assemblée nationale ; il a pris aussi l'engagement de dévoiler les causes des troubles qui dévastent cette co-

Ionie. Ces deux citoyens ne peuvent être suspects; ils ont été témoins, l'un dans la partie du nord, l'autre dans la partie du sud, de toutes les menées des colons et de leurs suites funestes; et ils ne sont devenus les victimes des factieux des colonies, que parce qu'ils ont osé parler et agir contre leurs projets perfides.

C'est ainsi que, par des actes arbitraires et de violence, les factieux et les brigands qui les secondent, imposent silence aux bons citoyens à St.-Domingue, qu'ils y sont réduits à gémir et à se taire, dans la crainte de voir, ou leur vie exposée, ou leurs propriétés ravagées, ou enfin d'être forcé de les abandonner.

Comment donc faire pour connoître la vérité? Il faut entendre MM. Gatereau et Boré, victimes tous deux des colons factieux, contre lesquels ils viennent demander justice à la nation : il faut que le comité colonial, où ils ont été renvoyé tous les deux, fasse le rapport de tout ce qu'ils ont déposé.

MM. Gatereau et Boré étoient coupables ou innocens; s'ils étoient coupables et qu'ils eussent mérité les traitemens cruels qu'ils ont éprouvés, les plaintes ou les procédures dirigées contre eux seroient parvenues ici; mais puisque rien ne paroît, ils sont innocens; par conséquent ils doivent être entendus, crus et vengés, avec tous

les bons citoyens de Saint-Domingue, qui gé-
missent et se taisent, crainte d'éprouver leur
sort.

Un mot encore sur les fausses nouvelles que
les colons font passer au comité colonial. Les
dernières qu'ils y ont fait parvenir, annoncent
qu'aux Cayes, dans la partie du sud, les hommes
de couleur, joints avec les esclaves, y avoient
massacré tous les blancs.

Voici le fait. Les commissaires, sollicités par
l'assemblée coloniale de faire désarmer les hommes de couleur dans la partie du sud, malgré les
articles du concordat passé dans toute la colonie,
et malgré le traité de paix qui l'a suivi ; les commissaires, dis-je, ont fait une proclamation ap-
puyée par l'assemblée provinciale du sud, pour
armer les esclaves contre les hommes de couleur ;
mais à peine furent-ils armés, qu'ils tournent
contre les blancs les armes qu'ils venoient d'en
recevoir, et leur font payer cher leur imprudence ;
et dans ce moment-ci, pour la troisième fois,
les blancs, d'accord avec les hommes de couleur,
sont occupés à désarmer les esclaves, et un
troisième concordat est encore passé dans la
partie du sud.

DE L'IMPRIMERIE DU PATRIOTE FRANÇOIS,
Place du Théâtre Italien.

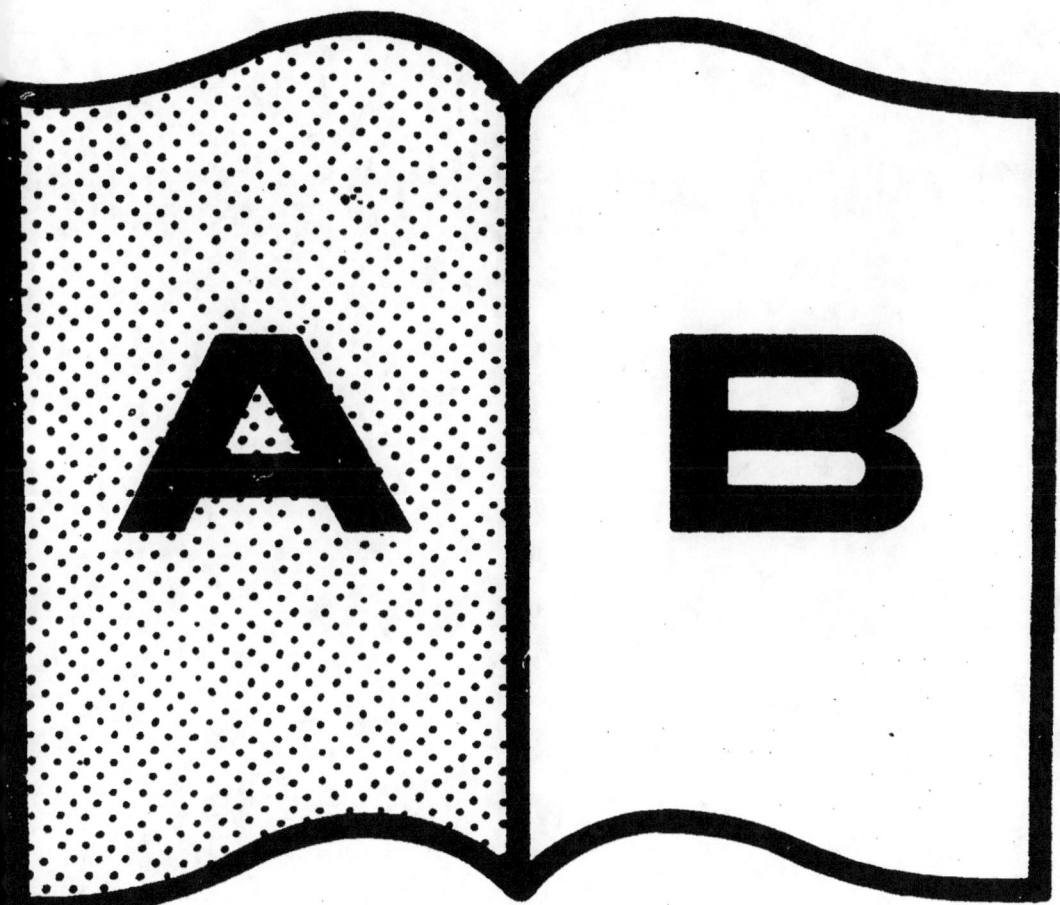

Contraste insuffisant

NF Z 43-120-14